「文學과知性」詩人選 ⑦

무인도를 위하여

신대철 詩集

문학과지성사에서 펴낸 신대철의 시집

개마고원에서 온 친구에게(2000)
바이칼 키스(2007)

문학과지성 시인선 7
무인도를 위하여

초판　1쇄 발행　1977년 5월 15일
초판 15쇄 발행　1994년 4월 25일
재판　1쇄 발행　1995년 1월 25일
재판 10쇄 발행　2024년 5월 9일

지 은 이　신대철
펴 낸 이　이광호
펴 낸 곳　㈜문학과지성사
등록번호　제1993-000098호
주　　소　04034 서울 마포구 잔다리로7길 18(서교동 377-20)
전　　화　02)338-7224
팩　　스　02)323-4180(편집)　02)338-7221(영업)
전자우편　moonji@moonji.com
홈페이지　www.moonji.com

ⓒ 신대철, 1995. Printed in Seoul, Korea

ISBN 89-320-0031-X 02810

이 책의 판권은 지은이와 ㈜문학과지성사에 있습니다.
양측의 서면 동의 없는 무단 전재 및 복제를 금합니다.

문학과지성 시인선 7

무인도를 위하여

신대철

1995

自 序

　새벽부터 까치가 아카시아나무 사이를 들락날락한다. 한 마리는 땅바닥에 흩어져 있는 마른 가지를 물어 집터인 나무 꼭대기에 올려놓고, 다른 한 마리는 꼭대기에 붙어 앉아 얼기설기 집을 짓는다. 이상하다, 이 까치들은 가까이의 다른 많은 나무들을 두고 아카시아 잔가지로만 집을 짓고 있다.

　집을 짓기 시작한 지 3일째 되는 날, 나무 밑은 어느새 지푸라기 하나 보이지 않는다. 까치들은 나뭇가지 끝에 아슬아슬하게 앉아 삭정이를 꺾어내고 있다. 그 순간 삭정이를 문 채 허공 속에 뚝 떨어졌다가는 간신히 꼭대기에 날아 앉는다. 하루종일 같은 일만 계속한다. 5일째, 집은 거의 완성되고 있다. 아침에 얼핏 보이던 까치들은 오후 늦게까지 돌아오지 않고 있다. 어디 갔을까?

　까치집이 다 완성되는 날, 아카시아나무엔 잎이 트고 머지않아 하늘 저편에선 뭉게구름이 뭉클뭉클 피어오르리라. 저 까치집에 날아들어 밀리고 밀린 잠을 자고 싶다. 그리고 인간으로 깨어나 다시 인간에게 '미래의 말'을 걸고 싶다.

신　대　철

무인도를 위하여

차 례

▨ 自 序

흰나비를 잡으러 간 소년은 흰나비로 날아와 앉고/11
박 꽃/12
강물이 될 때까지/13
오래 기다리면 오래 기다릴수록/14
산 밖 사람들/15
打/16
그는 뒤에서/17
산사람 1/18
산사람 2/19
脈/20
자 연/21
七甲山 1/22
七甲山 2/23
무인도/24
아무도 살지 않는 땅 1/25
아무도 살지 않는 땅 2/26
사람이 그리운 날 1/27
사람이 그리운 날 2/28
사람이 그리운 날 3/29
처형 1/30
처형 2/32

처형 3/33
처형의 끝/34
自然水/35
채집 일기/38
교외에서/39
이 마을을 깨끗하게/40
放　牧/41
×/42
어느 俗離山/46
또 묘비를 세우며 1/47
또 묘비를 세우며 2/48
감정 1, 감정 2/50
아주 행복해 보이죠?/51
가을의 소리/52
추운 산/54
눈/56
우리들의 땅/57
사막은 어디 붙어 있어?/63
무인도를 위하여/64
망초꽃 1/66
망초꽃 2/67
4월은 엘뤼아르에게/68
5월은 엘뤼아르에게/69
봄　눈/70
바다 2시/71
혼을 빼앗기면/72

잎, 잎/73
황동규, 오늘밤 불 환히 켜고 내린
그대의 낮은 데는?/74
그리고 우리는?/75
다시 무인도를 위하여/76
까욱, 까아욱/78

▨ 해설·꿈과 현실·김현/80

흰나비를 잡으러 간 소년은
흰나비로 날아와 앉고

  죽은 사람이 살다 간 南向을 묻기 위해
사람들은 앞산에 모여 있습니다

  죽은 사람은 죽은 사람, 소년들은 잎 피는 소리에 취해 산 아래로 천 개의 시냇물을 띄웁니다. 아롱아롱 산 울림에 실리어 떠가는 물빛, 흰나비를 잡으러 간 소년은 흰나비로 날아와 앉고 저 아래 저 아래 개나리꽃을 피우며 활짝 핀 누가 사는지?

  조금씩 햇빛은 물살에 깎이어갑니다, 우리 살아 있는 자리도 깎이어 물 밑바닥에 밀리는 흰 모래알로 부서집니다.
  죽은 사람은 죽은 사람,
  흰 모래 사이 피라미는 거슬러오르고
  죽은 사람은 죽은 사람,
  그대를 위해 사람들은 앞산 양지 쪽에 모여 있습니다.

박 꽃

박꽃이 하얗게 필 동안
밤은 세 걸음 이상 물러나지 않는다

벌떼 같은 사람은 잠들고
침을 감춘 채
뜬소문도 잠들고
담비들은 제 집으로 돌아와 있다

박꽃이 핀다

물소리가 물소리로 들린다

강물이 될 때까지

사람을 만나러 가는 길에
흐린 강물이 흐른다면
흐린 강물이 되어 건너야 하리

디딤돌을 놓고 건너려거든
뒤를 돌아보지 말 일이다
디딤돌은 온데간데없고
바라볼수록 강폭은 넓어진다
우리가 우리의 땅을 벗어날 수 없고
흐린 강물이 될 수 없다면
우리가 만난 사람은 사람이 아니고
사람이 아니고
디딤돌이다

오래 기다리면 오래 기다릴수록

바람이 가진 힘은 모두 풀어내어
개울물 속에서 물망울이 되게 바람을 적시는 비
비 같은 사람을 만나려고 늦가을의 미루나무보다도 훤칠하게 서 있어본 사람은 보이겠다, 오늘 중으로 뛰어가야 할 길을 바라보며 초조히 구름 속을 서성거리는 빗줄기, 빗줄기쯤.

산 밖 사람들

  우리들을 제 꿈에 취하게 한 山神堂 둘레엔 산 밖 지친 사람들, 광산은 산만 버려놓은 채 떠돌이가 된 우리들 生의 꿈붙이들. 먼 산에서 흘러온 저녁새 울음이 허공에 엷게 흩어져 쌓인다, 쌓이면 쓸어내는 물소리, 바람 소리
  잠 못 들 눈에는 달무릴 씌우면서
  기웃기웃 수심 싸인 달밤이 모여간다.

  산, 산,
  깊은 산 어디로 흘러흘러 저들은 스스로 모두의 속이 될까?

打

 불쑥 산속이 펼쳐진다. 얼마 전 난파선에서 실종된 친구가 돌아와 마른 잎을 긁고 있다. 산 끝에서 기다리는 바다를 끌어와 우리에게 바다 냄새를 보여준다. 바다로 가자, 산사람은 산사람으로 죽었다, 바다로 가자, 바다로 가자, 바다로 그가 떠난다.

그는 뒤에서

 언제나 갑자기 뒤에서 부른다. 돌아보면 깊은 산, 싸락눈이 그쳐 있다. 오랑캐꽃 피는 쪽으로 머리를 돌려놓고 산짐승들은 꿈속같이 잠들어 있다. 키 큰 나무에 올라서서 두리번두리번 산소년이 물소리에 귀 트이고 있다.
 그,
 돌아보면 뒤에서 언제나 뒤에서 부르는.

산사람 1

 산중턱에는 소리 모를 발자국 천지. 온종일 잎 흔들리는 소리로 흔들릴 때 잎 쌓이는 어디 먼 옛날로부터 오는 사람들. 저들이 구워낸 숯검정 해가 꺼지고, 산사람의 발자국은 담비, 사람, 꼬리 긴 새가 되어 산 끝으로 지워져간다.
 그는 어디에서 아주 산속을 닫고 있을까? 불빛, 까마득하다.

산사람 2

  산속엔 집이 한 채. 비어 있다. 창가엔 칡덩굴이 잡나무들을 휘어감고 올라와 기웃, 기웃거리다 나와 마주칠 때마다 꽃 하나씩을 피워낸다. 정적, 어디서 흘러나오는 것일까? 이 정적을 벗어나기 위해 주인은 돌계단을 쌓고 측백나무를 심었을까? 주인은 지금 무엇으로 정적을 씻고 있을까? 집을 한바퀴 돌아드는 순간, 덩굴은 내 몸을 휘어감은 채 또 한 송이의 칡꽃을 피워낸다.

脈

그해엔 첫눈이 많이 내렸지
미치지 않을 수가 없었어
산속에 살면서
글쎄, 그들은 인간의 피를 받았다니까

자 연

1
산기슭에 몰린 안개 더미가 잔잔히 밀린다. 안개 더미는 잠시 얇게 풀어지면서 산소년의 뛰는 모습을 이루더니 소년을 홀로 산꼭대기에 남겨두고 사라진다.

2
산꼭대기에 걸려 출렁거리는 무지개 위에 맨발로 서서 건넛산을 향해 외치는 소년의 들뜬 목소릴 듣고
  저도 모르게 대답하다
  툭 꽃망울이 터진 노루발풀

해가 타오른다, 산 3시

풀잎 꿈속에 꼬부려 누워 소년은 잠이 들고 이글이글이글 풀잎 꿈속에서 소년의 꿈속으로 불덩이가 넘어간다.

七甲山 1

 소년들이 모이는 밤은 보름달이 물가 청머루 덩굴숲 속에서 기다립니다. 소년들은 달을 따라 馬峙里에서 제일 높아 보이는 꾀꼬리봉에 꼬불꼬불한 산길을 놓습니다. 상봉에 올라서면 또 상봉, 칠갑산은 정말 아흔아홉 봉우립니다. 아흔아홉 골짜기엔 다른 산에서 흘러들어 온 온갖 잡새가 떠돌고 합대나뭇골 철이 아버님처럼 코를 골며 이빨 갈며 잠 험히 자는 숱한 산울림 소문들, 아득한 백마강 쪽에서 불어오는 강바람은 넓은 떡갈나무 잎에 느닷없이 달빛을 뿌립니다.

 저게 계룡산?
 저게 오서산?
 장곡사는 어디?
 까치내는? 참, 읍내는?

 아아, 달빛에 반사되어 달이 되는 호기심
 호기심이 소년들을 홀려 상봉에서 상상봉으로 밤새도록 끌고 다닙니다.

七甲山 2

 사람 살다 그친 앞산은 나뭇잎 익는 내, 깨금 익기를 기다리다 아그배 익기를 기다리다 소란한 주위에는 찬물을 뿌리고 나무 그늘에 싸여 평화로이 잠이 드는 소년들, 이른 아침 산속에 들어간 사람은 영 나오질 않고 희미한 물소리, 물소리, 마을로 내려간 사람도 도중에 가을 산속으로 들어갔는지? 소년들이 점점 평화로워지는 동안 산은 더 깊숙이 가을 속으로 들어간다. 산을 멀리 떠나 산 산사람들을 하나씩 가을 속으로 불러들여 한번 들어가면 영영 나오고 싶지 않을 데를 찾아 미쳐 헤매게 한다.

 깨금이 떨어진다
 아그배가 떨어진다

무인도

 수평선이 축 늘어지게 몰려 앉은 바닷새가 떼를 풀어 흐린 하늘로 날아오른다. 발 헛디딘 새는 발을 잃고, 다시 허공에 떠도는 바닷새, 영원히 앉을 자리를 만들어 허공에 수평선을 이루는 바닷새.

 인간을 만나고 온 바다,
 물거품 버릴 데를 찾아 무인도로 가고 있다.

아무도 살지 않는 땅 1

살이 푸르러지는 물 속에 누웠다.

물 흐르는 대로 발가벗고 흐르다 자기 자신한테 들키고 싶다.

어른거리는 물고기 떼,
가슴께 비늘이 만져진다.

아무도 살지 않는 땅 2

　물은 저 혼자 휘돌아 산을 벗어날수록 깊어진다. 미래로 흐르는 물, 우리 후미진 곳 드러내어 저 물소릴 내려면 산짐승과 어울리다 무엇으로 돌아와 있어야 하나, 사람이 아닌 무엇으로, 사람이 아닌 그 무엇으로 산속에 가라앉아 늘 가라앉은 목소리로 답해야 하나?
　함박눈이 내린다. 모든 길은 저절로 열려 있다.

사람 잡는 꿈을 꾼 아버지들
산 밖에서 밖으로 흐르며
제 피를 씻고

한밤중에만
산 구석구석 불빛 되어 馬峙里를 이룬다.

사람이 그리운 날 1

 잎 지는 초저녁, 무덤들이 많은 산속을 지나왔습니다. 어느 사이 나는 고개 숙여 걷고 있습니다. 흘러들어 온 하늘 일부는 맑아져 사람이 없는 산속으로 빨려듭니다. 사람이 없는 산속으로 물은 흐르고 흘러 고요의 바닥에서 나와 합류합니다. 몸이 훈훈해집니다. 아는 사람 하나 우연히 만나고 싶습니다.

 無名氏,
 내 땅의 말로는
 도저히 부를 수 없는 그대……

사람이 그리운 날 2

산은 사람에 묻히어 삭고
물소리만 남은 저 산울림 속으로
실성한 사람의 시체가 들어온다.

계곡을 씻으며
다시
물이 흐른다.

눈 쌓이기를 좀더 기다려야 한다, 실성한 사람과 문득 마주쳐 그의 산이 되고 싶다, 그가 잠들어 영원히 고요해진 산.

사람이 그리운 날 3

  눈 쌓이지 않는 산모퉁일 몇 개 돌아들면 이름 안 붙여진 계곡에 이름 안 붙여진 산속이 있고 지리 모르는 길가엔 스스로 묻히려고 산속에 드는 풀꽃들, 파헤쳐진 애장 몇, 산속엔 가을에도 인간은 살지 않았구나.

  산이 키운 한 인간을 버리고
  인간이 키운 한 인간을 버리고
  한 인간을 찾아

  떠도는 눈, 눈발.

처형 1

1

홀로 가는 해
사람을 산속에 남겨둔 채
홀로 가는 물, 달, 안개

어머니, 제 집은?
저는 혼자서도 모여 있지 못합니다. 제가 어머니 집이라면 어머니, 아주 집을 뜨신 어머니, 저는 산속에 갇혀 殺氣 감추는 법이나 익히며 될수록 될수록 사람을 피하고 산짐승들이나 길들일까요? 아니, 덫이 될까요? 저를, 어머닐 잡는 덫.

새를 잡았습니다, 날려주고
새를 잡았습니다, 날려주고

2

물소리는 뚝 끊어졌다 내 실핏줄과 이어지고, 찬바람, 불빛에 묻어나온 낮은 목소리들에 이끌려 다시 산을 넘었다. 친구여, 내 괴롭지 않을 때 찾아와야 하느냐? 뻑뻑해지는 눈, 엊그제는 하루 끝 침묵 끝까지 흘렀다.

바닷가를 끼고 흘러도 이젠 산에 둘러싸인다. 나를 몇 번 넘겨야 스스로 산속에 들 수 있을까? 네가 잠든 집은 집 전체가 대문, 집 전체가 불빛, 모든 사람들의 잠속으로 흘러들고 싶다.

완성해다오, 한 남자를
식물이 생길 때의 첫소리를 닮은 얼굴이게
눈이 내린다,
눈이 내린다,
날 가두고 오래 내 괴로움을 받지 않는 산이여.

처형 2

1

사람이 미치겠네.
산이 울면 사람이 죽는다지?
산 우는 소릴 들은 자도 죽는다지?
무서워, 저 소리, 안 들리다니?
아무도 받지 않아 산속을 떠돌잖아?
날 부르는 거지?
미친 사람이지?

2

문득 잠드는 산,

눈발이 날린다, 사람이 보고 싶다. 다시다시 산을 몇 바퀴 돌아야 한다. 오늘 걸어갈 길이 거친 눈발 속에 묻힌다. 나무, 나무, 새, 굴뚝새가 난다. 갈수록 불빛은 멀고 산속은 0시,

나는 밤 2시

그리고 손목시계는 밤 1시를 가리킨다.

모든 시간을 벗어나려면 오늘 몇 시에 맞춰 살아야 할까? 1시? 0시? 결국 밤 2시? 눈발이 점점 더 굵어진다.

처형 3

저 산, 노을이 비치고
온몸에 금이 가요.
사방에서 노을이 떠요.
살고 싶어요.
사람이 죽으면 노을에 묻히나요?

길을 헤매는 동안 이미 가을이 깊었었구나, 후드득후드득 알밤이 쏟아진다. 너를 악몽 속으로 불러들이기엔 마을은 너무 조용하다. 좀더 산 위로 올라서서 내 긴 그림자를 네 꿈속 깊이 드리우고 싶다. 내일 다시 산속에 들 친구여, 지금 고쳐 꾸는 꿈속에선 아이 묻는 게 보이는가? 아이 묻는 사람도 보이는가? 누가 일으킨 찬 공기가 애장터에 오래 곁돌고 있다. 아직 사람 한번 묻히지 않은 산속으로 길을 돌려놓고 아, 거기서 네 생 네 고통과 뭉치면 한줌 황토라도 쏟아낼 수 있을 것인가?

처형의 끝

밤 2시, 한겨울로 미리 내려가 닿은 밤 2시, 내 밑바닥에 묻힌 풀씨들을 짓밟고 헤매는 밤 2시, 산 밖은 어딜 가나 등이 시린 밤 2시, 죄를 키우는 나를 백번 용서하고 백번 외롭다. 눈이여, 내리어라, 내리어라, 조용히 나 몰래 피를 가라앉혀다오.

가느다란 나무 끝에 매달린 열매들
가까이 다가가면 후르르
밤 2시에서 3시로 새떼가 난다.

自然水

 산 밑으로 굴러내리는 저 생나무 토막은 누가 찍어 넘기느냐? 나는 껍질이 까져가는 생나무 토막으로 지어져 있다. 뒤틀리는 목조 3층, 2층은 방 전체를 창고로 쓴다. 폐품 창고용이다. 3층은 오목렌즈로 되어 있다. 내 방은 1층 맨 구석 침침한 방이다. 내 방만 방전 장치가 되어 있다. 내가 문이며 내가 방이다. 초인종을 눌러서는 안 된다. 누전! 당신을 위해 문은 잠겨 있다. 각층에는 물기가 남아 있다. 가을만 분명히 드러난 나이테가 새겨져 있고 나이테를 따라 빙글빙글 돌아나온 물기가 오르는 층층대가 있다. 월화수목금토일 일곱 개의 층층대는 3층에서 끝난다.

 3층엔 밤마다 불빛이 방을 지킨다. 눈발이라도 날리는 밤 그것도 깊은 밤이면 내게 잡혀 죽은 산짐승들이 불빛을 번득이며 운다. 오목렌즈에 확대되는 울음, 핏발이 보이도록 확대되는 울음. 특히 애장을 파먹다 들킨 여우의 홀깃홀깃거리는 불빛이 내 창문에 어른거릴 적엔 꼬박 밤을 새우게 된다. 내 말을 홀리며 정적을 홀리며 내 잠을 홀리며 홀린 것들을 쓰러뜨리는 저 불빛을 홀리지 않고서 나는 잠들 수 없다. 대낮에도 3층은 햇빛의 발가락 하나 들어가지 못한다. 내가 가진 열쇠로는 물론 아내가 가진 열쇠로도 자물쇠를 열면 문이 또 하나 문이 또 하나…… 불빛으로 겹쳐진 문이었다.

창고에 버린다, 내 열쇠를. 3층에 대한 내 관심을 쪼개어버린다. 창고 속에는 내가 못 건넌 강도 적재해 있다. 눈발 속에 남길 수 있는 한 최대한의 발악을 남기며 내가 놓은 덫째 끌고 달아난 이름 모를 산짐승들의 발목도 보인다. 발목을 친친 동여맨 산길도 보인다. 슈베르트의 우편 마차는 바퀴살이 부서져 뒹굴어다닌다. 타다 남은 산불 속의 물이 말라붙는다. 나는 날마다 창고를 열어본다. 날마다 그날그날의 나를 창고에 버린다. 창고에 버려진 나는 버려진 것들과 함께 하던 일을 더욱더 열심히 해낼 것이다. 완성할 때까지, 그러나 완성하면 그 일과 함께 그 자리를 뜬다.

밤낮으로 나는 내 피를 태워야 한다. 피를 태워 내 방에 불을 켜놓아야 한다. 방이 밝아지면 창밖의 불빛들이 신발도 벗지 않고 허공을 뛰어다니다가 사라진다. 허공에는 흙투성이 피투성이 발자국들이 찍혀 있다. 거꾸로 찍힌 발자국들은 유유히 사라진다. 불이 켜 있는 동안엔 딱정벌레들의 껍질 파먹는 소리도 멎는다.

물기가 마르기 전에 물기도 뒤틀린다. 나는 머리맡

위에 빠르게 흐르는 물줄기를 붙잡는다. 물줄기가 차지한 넓이를 붙잡는다. 때리고 쳐서 화단을 만든다. 분꽃씨 채송화씨를 뿌린다. 괴롭다, 나는 3층에서 흘러나오는 저 불빛으로 무엇을 만들 수 있는가? 무엇을 만들어야 하는가? 괴롭다, 괴로움은 나로 하여금 또 밤을 새우게 하고 괴로움을 낳게 한다. 괴로움, 괴로움, 그리고 한 시대.

채집 일기

 나는 1분간 멎어 있습니다. 초침이 내 옆에서 1분간 떠나지 않습니다. 멎어 있는 1분간, 1분간을 벗어나서 날아다니는 소리, 소리, 소리, 소리, 아 소리를 잡는 소년. 낡은 상자 속에서 소년은 팔다리가 떨어진 채 핀이 꽂혀 있습니다. 풀 깎는 소리만 스쳐도 소년은 상자 속을 뛰쳐나옵니다. 소년이 휘두르는 잠자리채 매미채엔 풀뱀처럼 울안으로 기어드는 저녁나절의 심심함을 쫓아내는 서광꽃 냄새까지 걸려들었습니다. 하루는 물 속으로 하루는 허공 속으로 하루는 산속으로 뛰어다니며 꿈과 호기심을 잡았습니다. 나는 2분간 멎어 있습니다. 3분간 4분간 멎어 있습니다. 초침이 내 옆에서 2·3·4분간 떠나지 않습니다. 멎어 있는 2·3·4분간, 소음들이 신경질적으로 망을 끊고 날아갑니다. 뚫려진 망에 걸리는 건 행위, 무모한 행위, 나는 행위를 뿌리째 뽑아 상자 속에 넣고 자리를 뜹니다. 그리고 5분간 6분간 멎습니다.

교외에서

 풀꽃들 이름을 하나씩 잊어가고 있다는 사실, 초가지붕 밑에서 전봇대로 참새가 집을 옮겼다는 사실, 사실을 사실대로 말할 수 있는 교외에서는 사실을 사실대로 말할 필요가 없었습니다. 사실을 사실대로 말할 수 있는 기쁨과 사실을 사실대로 말할 필요가 없는 기쁨, 이 두 선로 위를 달렸습니다. 내가 쉬는 곳은 쉬는 곳이 간이역입니다. 역에서 내린 쇠스랑꽃 오랑캐꽃은 겨드랑이의 솜털이 보일 만큼 팔뚝을 높이 쳐들고 흔들어댔습니다. 쑥쑥쑥 빠지면서 날리는 팔뚝, 들은 온통 태어나서 두세 번쯤 날아보는 나비떼 천지였습니다. 산이 내리고, 산이 내린 자리엔 빈 좌석이 앉았습니다. 들 끝은 사방을 둘러봐도 차단기 하나 없는 어둠 속이었습니다. 어둠 속에 흐르는 아크릴 간판 불빛을 이리저리 피하려다 사람과 부딪치고 질서에 부딪혔습니다.

이 마을을 깨끗하게

 이 마을을 깨끗하게 하는 것은 소리치고 싶을 때 소리치는 이 마을 사람들의 소리, 산.

 흐린 소리는 산울림을 굴리며 구르는 돌에 부딪힌다. 옻나무에 옻 올리고 가시나무에 발톱이 찔린 채 쿵쿵쿵 흙물을 걸러내며 물 빨아올리는 소리에 취한다. 피, 개미떼에 쫓긴다. 가시 위에서 가시 위로 쫓겨다닌다. '피, 피, 핏자국을 따라 산길이 죽죽 가지를 친다. 꺾어진 가지 끝마다 만발하는 싸리아!'

 산울림은 꽃물 핏물에 뒤범벅이 되고
 산울림 속을 떠돌다 맑아진 소리는
 하룻밤쯤 묵었다 흘러내린다
 아, 흘러내린다고 믿는 이 마을 사람들의 믿음.

放 牧

    입산금지 푯말을 세우고 이중삼중으로 가시 철망을 둘러친 산입니다. 우리가 길들인 짐승은 털을 뽑히며 빠져나갔는지 연기를 쑤셔넣은 굴마다 매운 기침 매운 눈물 한 방울 흘러나오지 않았습니다. 금지된 지역에선 금지된 生뿐이에요!

    뿐이에요!
    뿐이에요!
    뿐이에요!
    뿐이에요!

    !만 철망 가시에 걸려 소리쳤습니다. 빈 굴속을 쩡쩡 울린 !는 건넛산 소태나무 열매에 익은 쓴맛에 박히고 마을 골목골목에 박혔습니다. 마을에서는 하루종일 힘찬 망치 소리, 꼬부라지면 펴고 펴서 땅속 깊이 !를 뚜드려 박았습니다. 망치 소리에 맞춰 고래고래 소리친 '뿐이에요 뿐이에요 뿐이에요 뿐이에요'는 마을 입구에 떨어져 장승이 되었습니다.

    나도 하산했습니다. !가 밟힐 때의 전신에 퍼지는 상쾌감을 비늘도 떼지 않고 흐르는 물 속에 넣어주었습니다. 물 속에요.

×

암호 속에 숨어 사람을 맞이합니다.
사람이 오는 쪽으로 총구를 돌립니다.

벙커 속은 캄캄합니다. 녹슨 나사못처럼 어둠이 빠지지 않습니다. 침상 구석엔 비긴 장기판, 車包에 몰린 쭈들이 잠들어 있고, 옆 쭈의 쫓기는 꿈속에 다리를 집어넣고 함께 쫓기는 다리도 빼내어 펴주며 불침번이 됩니다. (거미줄에 걸린 천장이 또 보인다. 대검으로 새긴 달력에 ×표가 붙어 있다. 오늘 날짜에 미리 쳐놓은 ×가 흔들린다. 흔들리는 불빛에 따라 ×를 친 자의 얼굴 위로 ×의 그늘이 드리워진다. ×를 떼어낸다. 오늘 날짜도 같이 떼어진다)
북한강은 고압선 전류로 군사분계선 線上을 흐릅니다. 물에 뜬 푸초나뭇잎 위에서 삐라 위로 잠깐 옮겨앉았던 풀잠자리가 물뱀이 건너간 끊어진 물길로 건너옵니다. 물 속에는 안전핀이 빠진 채 잠겨 있는 수류탄, 무너진 방어진지 무개호 속에서 해골들은 아직도 최후 저지 사격을 하고 있습니다. 부비트랩 인계철선에 걸린 쐐기풀은 쐐기풀이 차지한 땅을 땅의 면적을 내놓고 홀로 죽어 있었습니다. 쇠뜨기풀 속에서 해바라기꽃이 튀어나와 둘레둘레 주인을 찾고 있었습니다. 산새가 다 되어가는 참새떼도 해바라기꽃 주위를 맴돌며 못 떠나고 있었습니다.

  빨간 옷을 입은 아낙네들이 북한강과 합류하는 실개천에 몰려나와 빨간 옷가지를 빱니다. 물빛과 물 속의 구름, 그리고 방망이질하는 손, 한 동작 한 동작의 그림자들이 빨갛게 물들면 물든 그림자부터 건져내어 빨래터에 세워두고 死角地帶로 사라집니다. 사각 지대에 ×를 쳐요. 여자가 보여요. 몇 달째 잊어버린 여자예요. 피를 빼앗겨요. ×를 쳐요. × 위에 ×를 쳐요, 쳐. 북 쳐요. 장구 쳐요. 때죽나무 껍질은 빻아 풀어요. 피라미는 죽어서 떠올라요. 뱃바닥을 하얗게 드러내며 미루나무 그림자도 떠올라요. 미루나무 그림자 속에 숨은 뭉게구름도 떠올라요. 미루나무 그림자 뱃속에선 미루나무를 빼내고 뭉게구름은 날로 삼켜요.

  아이들은 다닥다닥 붙어서서 다닥다닥 늘어붙은 고둥을 잡았습니다. 고둥을 잡는 굽은 등을 디디고 물을 건너가는 들, 밀밭 사이로 허겁지겁 군인이 쫓겨가고 밀밭 사이로 윙윙윙 파리떼 나는 소리가 들리는 빈 마을 지붕이 보였습니다. 마을에 가까울수록 소 여물 써는 소리,

참매미 울음 소리, 포탄 떨어지는 소리 들로 뭉쳐진 무더위가 둥둥 떠다녔습니다. 느티나무 밑에 앉아 부채질하던 할아버지, 할아버지가 벗어놓은 낮잠과 할아버지가 이따금 바라본 읍내 다리는 간데없고 할아버지도 간데없고 부챗살 반쪽이 남아 있었습니다. 할아버지! 할아버지! 다급하게 불러대는 아이들의 목소리는 깜부기로 패어 부챗살 바람에 흔들리고 있었습니다. 아이들이 오며 오며 잡은 두 꿰미 가량의 방아깨비 날개도 아이들의 날개도 떨어져 뒹굴어다녔습니다.

  방아깨비가 빠져 죽은 빗물로 밥을 짓는 재미는 길어야 하루 이틀, 사흘째엔 재미에도 생목이 올랐습니다. 말할 때마다 방아깨비가 튀어나왔습니다. 교통호에서 관측소로 뛰어다니며 떠도는 말을 가루가 되도록 찧었습니다. 물차를 기다리다 잠이 든 자의 빈 수통에는 가루만 찼습니다. 빗물에는 다시 방아깨비가 뛰어들고, 비안개 속에서 우리의 힘과 벙커를 받치고 있던 축대가 무너지면서 지뢰가 터졌습니다. 파편을 맞고 쓰러진 생목의 피, 피가 우리의 몸 속을 흐릅니다.

  초소 앞에 달맞이꽃이 핍니다. 달을 맞이한 꽃은 하나씩 시들고 있습니다. 우리는 달맞이꽃에 ×를 치고 ×

위에 총을 올려놓고 × 사이로 내다봅니다. 북한강은 흘러흘러 군사분계선을 빠져나가고 있습니다. ×에 잘못 걸린 물총새도 날아갑니다. 바람이 붑니다. 바람이 능선 위의 나무들을 어둠 쪽으로 밀어넣습니다. 조금씩 어둠이 드는 꿈, 꿈이 깨면 이어서 꾸고 이어서 꾸며 밤샘하는 우리의 하루하루는 일찍 떨어진 개암 도토리 속에 묻혀 이미 가을 끝까지 굴러가 있습니다.

×를 실어보내요.
위험 표시도 없이
×가 철조망을 치고 있어요.
사람이 갇혀 있어요.

어느 俗離山

 피뢰침이 꽂힌 미륵불상 앞에 등이 엎드려 있었습니다. 미륵불상의 손 그림자가 등을 어루만지고 있었습니다. 등을 바친 개인들은 홀가분하게 일어나 五里숲 쪽으로 문장대 쪽으로 꺾어들고 있었습니다.

 피뢰침이 꽂힌 미륵불상을 본 일이 있습니까?
 피뢰침을 보며 웃고 가다 넘어진 일도 있습니까?.
 아, 미륵불상이 손을 내밀며 인자스럽게 웃었습니까?
 그대 웃음이 그친 뒤에도 너무 오래오래 웃진 않았습니까?

 그의 손은 내가 부축받기에는 참말이지 너무 높았습니다. 그의 손과 내 손과의 거리, 도저히 좁힐 수 없는 공간을 대웅전과 일년생 풀과 등을 바치러 온 개인들이 빈틈없이 메꾸고 있었습니다. 피뢰침 위에 멍새가 아슬아슬하게 앉아 俗離山 全景을 굽어보고 있었습니다. 개인을 구하는 미륵불상, 미륵불상을 구하는 피뢰침, 피뢰침을 구하는 멍새, 멍새는 울음 소리를 그치지 않았습니다.

또 묘비를 세우며 1

 생선칼이 시냇물을 꼬리로부터 탁탁탁 잘라내며 우리 앞에 닥쳐왔을 때
 내가 임시 말을 숨긴 곳은 모래,
 모래 속에서 한여름 뼈가 굵은 말은
 숨는 일만 일로 아는 모래무지로 변해 있었습니다. 불끈 쥔 내 맨주먹 속에 숨겨주지 않은 때문인지? 그는 깻잎내가 물씬 나는 내 목소리까지 피해다니기 일쑤였습니다. 그는 비겁한 나를 나는 비겁한 그를, 怯을 증서로 해서 반반씩 찢어갖고 독립했습니다. 이제 행동을 비끌어맬 언덕도 없이 나는 자윱니다.
 나는 여름철만 되면 사정없이 난사합니다. 갠 하늘엔 총소리가 깨져서 투명하게 빛나고, 답답하게 붙어 있던 집들의 사이사이를 넓히며 도주하는 길목들, 뚫린 구멍에 맞은 총알은 튀어나옵니다. 마지막으로 총구를 내게 돌립니다. 우리가 내통하는 것은 이때뿐, 이때 우리는 사산합니다. 우리의 아이 침묵을, 자유를 잡기 위해 미리 죽은 침묵을.

또 묘비를 세우며 2

 우리는 일렬횡댑니다. 우리와 열이 맞는 건 갑갑함 뿐, 탈없이 죽지 않는 自然人이 보고 싶습니다. 간판만 있고 집이 통 없는 거리엔 은행잎이 지고 있습니다. 갑갑함도 하나씩 꼭지가 떨어져 구릅니다.

 도깨비바늘풀들이 힘과 합심하여
 튼튼히 성을 높이고
 튼튼히 성을 지키는 공터,
 도깨비바늘은 아스팔트 길에도 꽂혀 있었습니다. 힘이 툭 삐져나온 성벽엔 탄재가 쌓였습니다. 불 안 꺼진 탄재에 무심히 오줌을 갈기며 삼팔선을 긋고 우리나라 지도를 완성하는 아이들을 둘러싼 야산은 밤나무꽃 향기같이 은은하게 탄가스가 풍기는 골목으로 변했습니다. 아이들은 기계적으로 웃었습니다. 기계적으로요. 틀에 맞지 않는 귀뚜라미 울음 소리는 탄가스에 질식사하고 있었습니다.
 두개골이 깨진 비명을 또 으깨며 차가 달립니다. 갑갑함 속에 갇힌 누가 치어 죽습니까? 누가······? 우리는 일렬종대로 걷습니다. 남은 갑갑함을 주워들고 컴컴한 뒷모습이 노골적으로 드러나는 오후를 앞질러서 은행이 묻힌 은행잎 속에 갑갑함도 묻습니다. 물도 줍니다.

　절벽예요! 어디로 가는 거죠?
　그냥 가는 거야, 이대로.
　절벽을요? 절벽을 걸어서 내려가요?
　음.
　음, 이라뇨?
　그냥 가는 거라니까! 여기도 절벽이잖아!

감정 1, 감정 2

정 붙일 땅이 없어, 사람밖에는.
요즈음? 사람 말고 우리한테 더 좋은 땅이 있다는 말 같군.
저 새집 속이 낫지 않을까?

사람이 무심히 건드린 새집, 빈 새집 속에 잠시 머문 새털구름이 깃을 빠뜨리며 흘러간다. 잡새가 되돌아오도록 빈 새집을 받쳐들고 있는 잡나무 가지들, 삭정이가 다 된 손마디는 옹이 풀리지 않은 채 한 마디씩 떨어져 나가고 있다.

공중에 둥둥 떠서 새집은 떨어지지 않는다.
저켠에선 잡새가 울고
잡티를 가라앉히며 가늘게 가늘게……

'감정 1, 2 자리를 뜨면서 격렬하게 포옹, 포옹이 탁 풀어지자 포옹 속에 들끓던 저녁놀이 하늘로 뛰어올라 뛰놀다가 느닷없이 사라진다'

아주 행복해 보이죠?

이 상점엔 사람이 만든 것 일색이군요.
그럼, 저건 어떠신지? 폭발적 인기죠.
아주 예쁘게 웃는데요? 인형이군요.
아주 행복해 보이죠?
조그맣고, 사람 맘에 들게 웃고, 눈물도 없고……

가을의 소리

 가을 깊숙이 들어와 있습니다. 50일 만에 된서리 맞은 백일홍, 街燈은 침침히 백일홍의 하늘까지 밝히고 있었습니다. 잘 있으시라, 부디 잘 있으시길, 스스로 울림대를 끊은 풀벌레들이 촉각을 내리고 있었습니다. 백일홍이 내게 넘긴 50일 중 며칠은 장례에 바치고, 백일홍이 서서 죽은 녹지대에 헌주소를 두었습니다. 잠시 헌주소가 내뿜는 공기를 마십니다. 한여름 내내 득실거리던 독사들이 쏙쏙 내 속을 빠져나갑니다. 空洞이 들어와 자리를 넓힙니다.

 아, 내가 사람이구나
 나를 피해 날아가는 산비둘기 떼

 이젠 내 전부를 空洞으로 만들어도 산아이는 오지 않습니다. 물소리엔 물소리로 답하는 산아이. 산아이 집은 깊은 산, 산속. 내가 산아이를 찾으러 간 마지막 날은 산감 따기에 정신이 팔려 幻想 초입까지 올라갔었습니다. 무덤이 옹기종기 모여 조그마한 평화를 이루고 있었습니다. 쉰 밥내가 나는 빈집이 딱 한 채, 거기에도 산아이는 없고 마른 풀잎들이 바람 부는 대로 이야기를 하였습니다.

"······죽기만 하면? 우린 살아 있는 사람의 이야기를 듣고 싶어. 살아 있는 사람이 살려고, 순전히 살아 있기 위해 필사적으로 감춰둔 이야기, 무덤에 묻힐 수 없는 이야기 같은 거. 죽음은 죽은 사람의 땅이지 살아 있는 사람의 땅이 아니야! 자, 다시 돌아가봐."

가을로 내려왔을 땐 이미 해가 저녁 쪽으로 기울어 있었습니다.

언제부턴지 자꾸 종소리가 울려나옵니다. 종소리를 따라 고요는 사방에서 왔다갔다합니다. 고요가 이마에 부딪힐 때마다 번개, 空洞이 환히 내비칩니다. 종소리에 쫓겨 들어온 독사들이 다시 우글거립니다. 마을이 술렁거리면 오밤중 푸른 불로 불춤을 춘다는 산아이, 산아이는 소리뿐 산비둘기 떼만 날고 행방불명입니다. 소문을 파봐야 무너지고, 무너지고, 반질반질한 말만 드러나 햇빛에 반짝입니다.

추운 산

 춥다. 눈사람이 되려면 얼마나 걸어야 할까? 잡념과 머리카락이 희어지도록 걷고 밤의 끝에서 또 얼마를 걸어야 될까? 너무 넓은 밤, 사람들은 밤보다 더 넓다.

 사물에 이름을 붙이고 즐거워하는 사람들
 이름을 붙여야 마음이 놓이는 사람들
 이름으로 말하고 이름으로 듣는 사람들
 이름을 두세 개씩 갖고 이름에 매여 사는 사람들

 깊은 산에 가고 싶다. 사람들은 산을 다 어디에 두고 다닐까?
 혹은 산을 깎아 대체 무엇을 메웠을까? 생각을 돌리자, 눈발이 날린다.

 눈꽃, 은방울꽃, 안개꽃, 메밀꽃, 배꽃, 찔레꽃, 박꽃

 나는 하루를 하루종일 돌았어도
 분침 하나 약자의 침묵 하나 움직이지 못했다.
 들어가자, 추위 속으로.

때까치, 바람새, 까투리, 오소리, 너구리, 도토리, 다람쥐, 물

눈

 자운영꽃이 꼭꼭 숨어 핀 풀숲을 헤맸어. 자운영꽃 같았어. 풀뱀이었어. 풋고추 같았어. 고추밭이었어. 빨간 고추만 골라 땄어. 고추를 씹다 보니 뱀이었어. 혹시 불꿈은 꾸지 않았어? 불을 움켜쥔 채 사람들이 쫓기지 않았어? 불만 버리라고 그러지 않았어? 불만 버리면 된다고 그러지 않았어? 불만 버릴 순 없다고 그랬지. 손가락이 타 들어가도 불을 놓지 않았어. 온몸에 불이 붙었어. 지글지글거리는 불덩어리였어. 불을 보고 싶어. 불을 키우는 아이를.

우리들의 땅

"×제국주의자들을 물러가게 하라! ×제국주의자들의 앞잡이인 ×도당들의 독재를 때려부수어라!"

"자유 없이는 행복도 없습니다. 자유는 제2의 생명입니다. 주저하지 말고 야음을 통해 비무장지대로 몸을 숨겼다가 날이 아주 밝아졌을 때 국군 초소로 오십시오. 총구를 땅에 향하고 흰 헝겊이 있으면 흔드십시오."

풀어진 몸, 김이 모락모락 난다,
낡은 지뢰탐지기를 선두로
도로정찰조가 돌아온다.
조금 비 개인 날,
모래들은 산 밑에 하얗게 씻겨 있다. 강물굽이를 돌아나온 놀란 물새떼, 안개를 강가로 몰며 하나씩 안개 속으로 사라진다.

그날 밤 늦게 남방한계선 철책문을 열고 들어섰을 땐 뻑뻑하여 말 안 듣던 팔다리, 열쇠 채우는 소리 땜에 앞으로 앞으로만 내디뎌야 했다. 총부리를 정신없이 돌리다 보면 바람 소리, 작은 밤짐승, 안개 자욱이 밀리는 소리, 별똥이 시끄럽게 떨어지고 있었다. 지뢰 표지판이 길을 안내하며 좁혀들고 있었다. 결승전 스포츠 중계같이 열띤 어조로 밤새 벙커와 골 속까지 뒤흔들던 대남방송 스피커 소리, 되풀이, 막 펼쳐진 아침밥 짓는 연기에 젖어도 부드럽게 들리지 않던 그 억양.
  또 무지개가 뜬다, 둥그런 무지개
  저 둘레 속으로 뛰어들고 싶구나.
  강기슭에서 은은히 피어올라
  군사분계선을 덮고
  산과 산 사이를 까마득히 잠겨놓은 안개가
  제 몸을 비틀어 짜내 띄워놓은 무지개
  유난히 빨강 파랑이 두드러진 저 무지개 속엔
  어른어른 그림자가 비친다.

  무지개는 누구의 혼인가? 저 자리서 죽은 자와 죽은 자를 기다린 자가 이제 만나 손 잡고 輪舞를 즐기는가? 왜 저 자리서만 떠야 하는가? 자세히 보면 볼수록 내가 볼 땐 내 그림자만 네가 볼 땐 네 그림자만, 이상하다, 우리들이 한데 어울려 박자를 맞추려 하는 동안 갑자기 춤은 멎고 다시 한 겹 벗겨지는 안개, ……… 강물은 푸르다. 저 푸름이 온 산에 가득 안개를 씌우는 걸까?

강물은 우리들의 군화를 적시며 흐르기만 했다, 끊임없이. 바람이 잔물결을 이리저리 몰고 다니며 쓸어낼수록 더욱 푸른 물가엔 조용히 물고기 떼들이 나와 놀고 있었다. 마주, 중태기, 꽃붕어, 징거미, 아 山고기. 불길하다. 잡으면 꼭 놓아줘야 하는 山고기, 山 그늘진 데를 닮은 물 속에 놓아줘야 하는 山고기, 불길하다. 하필 이 강에 山고기가 그리 많을까? 좀 깊은 물 속에선 무릎이 떨어지고 가랑이가 찢어진 군복 하의들이 물이끼에 감춰져 있고 쭈그러진 수통, 뼈들. 녹슨 쇠붙이며 탄피, 종이돈, 각종 불발탄들. 화약낸지 풀낸지 가려내기 어려운 고리타분한 냄새들이 발길에 차여 흩어지곤 했다. 불내, 어디선가 불내가 난다. 후욱 끼쳐오는 불내, 불똥이 튀기고 토끼 노루똥이 젖은 채 타는 냄새. 탁 타닥 나무껍질 타는 소리, 실탄 터지는 소리, 거무튀튀했다. 연기 속에 날름날름거리던 불길, 순식간에 산 하나를 잡아 먹고 꿈틀거리며 북방한계선 목책 있는 데로 불쑥 방향을 틀던 불길. 시뻘겋게 솟구쳐오른 불꽃. 하나 둘 셋 넷 불꽃에 흠뻑 취해 있을 때 쾅쾅, 쾅쾅, 산산조각나던 우리들.

멀리서 들리는 다이너마이트 터지는 소리
산, 산, 산, 군대
몇 조각 구름들이 뭉쳐서 산 밖으로 몰린다.
능선들은 시퍼렇게 위장되어 까져 있고
토굴 속에 들어가선 나오질 않는 군용차들,
모래 운반차? 군용차? 그리고 무슨 차들일까?
아침엔 구보 병력이 보이고 연달은 기합, 조포 훈련,
소리치면 한 번 이상 응답하지 않는 사람들.

바람이 분다. 바람이 분다
우리들 옆 GP엔 나지막한 산들
싱싱하게 깃발이 펄럭거린다.
깃발이 살아 있었구나, 우리들 말고 깃발도 살아 있었어…… 친구여, 보고 싶다. 2km내의 너를 만나는 데 6개월론 모자르구나. 네 앞산 우물 길에 사람이 나타나 있다. 우중충하다. 사람, 무장된 사람. 간밤 총소리는 오발이라구? 자발적이었다구? 늘 들어도 네 목소리가 그립구나. 산도 배경으로 만들고 싶다. 고집도 가려진 네 얼굴, 코마저 작게 보인다. 포대경에 잡히는 허탈하고 어색하게 웃는 네 얼굴. 나무들이 점차 가을로 돌아서는 것도 잊고 딸딸이를 들고 포대경을 들고 마주보며 바보같이 웃는 우리들. 生이란 무엇일까? 적? 죽음이란? 적? 땅이란? 이념이란?

잠을 좀 자야 한다.
총을 휴대한 사람들에겐 꿈이 차례가 오지 않는 잠,
며칠째 개꿈도 들지 않는다. 신경만 뿌릴 잡는다. 물차는 아직 오지 않고 있다. 담배 한 대, 자기 매질, 무조건 용서, 무조건 체념, 꿈이 갖고 싶다.

초가집이 두어 채 양지 쪽에 쓰러져 있다.
그 옆에 황색 팻말이 주위를 황색으로 물들인다.
팻말이 군사분계선을 말해주고 있을 뿐,
낯익은 풀꽃들이 팻말에 기대어 피어 있었다. 산길은 강 가까이 이를수록 희미했다. 마을 골목터엔 박쥐가 날고 웬일로 울지 않던 매미, 매미는 사람 있는 마을에서 사람을 보며 우는가? 이 마을 사람들은 신발과 밭을 버려두고 나룻배를 부숴놓고 지금 어디서 무얼 하는가? 갈대밭이 된 과수원, 봄이면 갈대밭에 흐드러지게 피는 복사꽃, 아아, 우리들과 여기서 임시 헤어진 자여, 내내 무사하라.
 무사하라, 발목이 떨어져 지뢰밭에 뒹굴던 얼굴들
 몇 푼의 휴가비를 만지작거리며 혹은 흔들던 웃음들
 맞출 수 없이 흩어진 사진 조각들, 편지 글귀들
 죽어서 지뢰 표지판 하날 남긴 사람들
 죽어서 오래오래 잠들 수 있고 오래오래 무사한 사람들

 제대 특명을 기다리며 군대 때가 묻은 생각들을 산병호에 강 쪽에 내버리며 햇빛 쐬던 고참병들도 보급차 편에 사라진다.
 산병호에 어둠이 스며든다.
 깊은 한밤에만 사람이 다니는 길,
 산길 도처에 조명지뢰를 설치하며 클레이모어 위치를 확인하는 사이 우리들은 어느새 군인이 되어 있다, 완전한
 하루가 가고
 갈라진 땅에서 또 하루
 스스로 갈라진 군대로 만나는 우리들, 한국인들.

사막은 어디 붙어 있어?

우리가 머물러 있는 곳은 어디든지 바람이 불었습니다. 꿈속으로 잔 모랫가루가 날려왔습니다. 물이 되는 갈증, 서로의 물소릴 빨아들이며 서로서로 묻혀 있었습니다. 우리는 합쳐서 사막입니다.

우리가 안 보입니까?
흐르지 않는 소리,
소리를 잡아요, 비명이 되게

그러나 그대는 또 묻습니다. "사막은 어디 붙어 있어? 아라비아에? 돌아보면 내 뒤?"

무인도를 위하여

   개나리꽃이 피지 않은 걸 보고 봄을 기다린다
언 귀를 비빈다.
살아 남아야지,
개나리꽃이 피지 않은 걸 보고 봄을 기다린다.
할말은 미리미리 삼키고
생수를 마신다.
바닥난 하늘을 본다.
흐림.
함박눈이 내리려나?
꼬리를 감춘 사람들이 얼핏 온화해 보인다.

            1974년, 무죄?
제 죄명을 모르시다니요?
제 땅에 악착같이 살아 있잖아요?
제 땅에서 죽으려는, 죽을 죄를 졌잖아요?
   무슨 소릴, 제 땅이라니? 이 땅은 공동 소유야. 넌 무죄야, 죄가 없어.
   정말 죄가 없어요?
   그렇다면 이 고마움 저 혼자 가져도 좋을까요?

무인도를 위하여

바닷물이 스르르 흘러 들어와
나를 몇 개의 섬으로 만든다.
가라앉혀라,
내게 와 죄짓지 않고 마을을 이룬 자들도
이유 없이 뿔뿔이 떠나가거든
시커먼 삼각 파도를 치고
수평선 하나 걸리지 않게 흘러가거라,
흘러가거라, 모든 섬에서
막배가 끊어진다.

망초꽃 1

여름입니다, 한여름밤
세상 사람들은 이미 침묵이 집인 제 꿈속으로 기어
들어갔고 텅텅 빈 길가엔 은은히 흐르는 말

무릎 같은 건 버렸어.
무릎이 생기면 버리고 버리고……
아직도 무릎 같은 걸 달고 살다니?

망초꽃 2

 집 밖으로 밀려나 조용히 한 떼의 사람들이 살고 있습니다. 사람들에 밀려 풀꽃들에 밀려 도달한 곳,
 여기도 생명붙이가 사는 땅?

 일생을 숨어 살아온 자가
 숨어들어
 깨끗이 꿈속을 비우거나
 꿈의 위치를 바꿔놓습니다, 바다 쪽으로

 오, 몸부림쳐 시원하게 몸부림을 버리는 바다.

4월은 엘뤼아르에게

몸 구석구석 4월을 묻어두고
잎 빨리 트는 나무 옆에
묵묵히 한 다리로 서 있는 얼굴들
허연 입술을 빨며 따로따로 한 다리로 서 있는 얼굴들

파도들이 부서지며 차지한 바다엔
무인도,

밤이 오고 있었습니다, 마을 쪽으로
어슬렁어슬렁
오래 길든 짐승들이 기어든다.

5월은 엘뤼아르에게

명새가 운다, 티없이 햇빛에 취해
제 향기를 날리고 싶은 생각들이
불쑥 흰 진달래꽃을 틔운다.

마을 짐승들을 향해
산속을 열어놓고

스스로 매질해 키운
생각 한 잎 날리고

그리고?

봄 눈

내 등은 물인가요?
모래에 기대면 모래가 무너져요.

내가 기댈 때
비로소 따뜻한 등을 갖는 자
그대는 살아 있나요?
어디에?
나와 한핏속에?
꿈이 生인가요?

나는 흐른다,
칼끝뿐인 땅을 뱃바닥으로
오래 흐른다.

바다 2시

황홀하게 한 세상을
고통뿐인 한 인간과 헤어지게 하고
오래 몸부림친 파도엔 날개를 달아 날리고

꺼지는 노을,

바람은 모든 날개 밑으로 불고
빛도 소리도 지워지고
고통의 형체
날개의 짓만 남는 시간, 바다 2시

혼을 빼앗기면

잡히지 않는 데까지 내려와 반짝이는 별,

바람이 분다, 지구를 한 바퀴 휘돌아와
산속에 갇힌 그대 떠도는 혼을
말아올려말아올려 획 풀어내는 회오리바람,
홀가분하리라, 혼을 모두 빼앗기면
살 속에서 살을 삭이며 녹아 흐르는 흐린 기운은
사람 냄새만 스쳐도 수증기가 되리니

세상에 산 아닌 것은 무엇인가?

잎, 잎

낮은 산도 깊어진다.
비안개에 젖어 무수히 피어나는 속잎,
연하디연한 저 빛깔 사이에 섞이려면
인간의 말의 인간을 버리고
지난 겨울 인간의 무엇을 받아들이지 않아야 했을까?
핏줄에 붙은 살이 더러워 보인다, 잎과 잎 사이
벌거벗고 덜렁거릴 것 덜렁거리며 서 있을수록……

잎, 잎, 무성하거라 무성하거라 무성하거라
한여름 산속에 미리 들어와 마음을 놓는다.

황동규, 오늘밤 불 환히 켜고
내린 그대의 낮은 데는?

 사람 옆이라면 황홀히 아무데나 멎어 있는 그대, 소주에 취해 사람에 취해 자리 오래 비워둔 오늘밤 불 환히 켜고 내린 그대의 낮은 데는?

 나무 나무
 생나무 껍질 타는 매운 내에 젖어 있다 연기로 풀어져 용주사 산기슭을 홀로 떠돌거나 영원한 소년이 되도록 선로에 엎드린 채 쿵쿵쿵쿵 한 계절 지나 가을, 한 계절 지나 그대는 또 무엇이 되어 있는가?

 사람이 내린다, 그대 한세상
 10월의 가장 낮은 데로.

그리고 우리는?

눈 내린 숲속은 빛의 덩어리,
빛이 날아가 앉은 하늘에선 끝없이 길이 내리고 있다.

키 작은 활엽수는 나란히 모여 물가까지 내려가 길을 받아들이고, 도토리 새 나무껍질 돌멩이 담비떼 이런 것들 사이를 지나
자기 자신을 거쳐오는 사람들,
어디로 흩어져갈까?
눈을 뭉치다 환청에 불려간 사람은 땅 끝에 이르러 눈사람이 되었다 하고, 불덩일 가진 사람은 아무도 살지 않는 산속 어디 장작으로 쌓여 있다 하고, ……그리고 우리는?

강추위에 그슬린 얼굴로
낯선 사람 몇이 지나간다.

다시 무인도를 위하여

돛배가 섬을 떠난다, 비로소 살아 움직이는 바다, 툭
툭 수평선이 끊어지고 있다. 돛배가 거쳐간 섬은 무인
도, 떠날 사람 다 묶인 무인도, 그는 캄캄한 제 몸 속으
로 기어들어가 모기 소리만 내놓고 아이를 불러들였다.

헤엄쳐가볼까?
저 배, 어디로 흘러가는 거죠? 아이는 아까부터 혼잣
말을 하고 있다.
노을 속으로, ……노을은 차지할수록 남는 시간이지.
우리도 그 일부분이야, 사람들 각자 조금씩 차지하고 있
으니까. 대개들 저 자신 노을이라 생각하지.
우리를 노을로 알고 오는 사람은 없을까요?

돛배는 가면서 짐을 내려놓기만 한다, 어둠에 먹히도
록 서로 멀어져가는 사람들, 멀어져가 섬의 한끝씩 되는
사람들.
돛배가 아주 꺼지기를 기다리다 아이는 잠들고, 잠자
리엔 은은히 노을이 비치고 있다. 피가 따뜻해진다. 그
는 잠든 아이의 꿈속으로 아이를 들여놓고, 그가 이 세
상에 살아 있는 동안 그를 단 한 번 야생이게 하는

"우리를 노을로 알고 오는 사람은 없을까요?"

　황홀하게 펴오르는 이 노을말도 꿈속에 발갛게 비치어 넣고, 그는 몸 밖으로 기어나왔다. 맑다, 아무도 살지 않는 시간, 섬의 별이란 별은 하늘로 전부 올라가 있는 시간, 그는 무인도 한복판으로 바람 부는 대로 걸어 나갔다, 그리고 우뚝 서서 그를 인간이게 하는 겉껍질을 깎는다, 깎을수록 투명한 하나의 돛이 될 때까지.

까욱, 까아욱

 길은 하나도 없었다. 집 앞 빈 말뚝에 매여 있거나, 낮에 가야 할 길을 다 못 간 사람들이 길을 끌고 꿈속으로 들어가 계속 걷고 있는지? 침엽수 가지 위에선 새들의 발자국이며 날갯짓, 그리고 새들이 날아다니다 끊어버린 길들이 우수수 우수수 쏟아져내리고, 나뭇가지와 나뭇가지 사이로 허공이 큰 입을 벌리고 서서 찬바람을 내뿜고 있었다.
 살아 움직이는 건 한기뿐이로군, 그는 앞서가는 자기 자신을 불러세우며 말했다.
 한길 느낄 정도로 떨어져 있었나?
 어디 짐승 발자국 속 같은 데라도 들어가 잠깐 쉬도록 하지.
 체온이 남아 있을라구!
 새벽이 가까워오고 있어. 새벽까진 넉넉하잖아?
 그때, 누가 어깨를 툭 건드린다.
 까마귀, 그가 아슬아슬 비켜 지나온 시간은 까마귀가 되어 죽어 있었다. 빌어먹을, 어깨 한번 치려고 살아 있었군, 그는 까마귀를 어둠의 맨 밑바닥에 묻어버렸다. 꿈틀거려야지, 꿈틀거리지 않으면 시간은 모두 까마귀가 된다.

마을은 어둠 속에 지워지고 있었다. 함박눈 받을 지붕만 남기고. 사방에서 얼핏얼핏 까마귀 울음 소리가 비쳤다.

까욱, 깨어 있지 않는 한 누구나 타인의 자기 자신에 불과해!
까아욱, 그대도 곧 까마귀가 된다구!
까욱, 까아욱.

〈해 설〉

꿈과 현실
—— 신대철의 시

김 현

낮은 산도 깊어진다.
비안개에 젖어 무수히 피어나는 속잎,
연하디연한 저 빛깔 사이에 섞이려면
인간의 말의 인간을 버리고
지난 겨울 인간의 무엇을 받아들이지 않아야 했을까?
——「잎, 잎」

비록 발표되지 아니한 작품들이 몇 편 섞이어 있지만, 제작 순서대로 묶이어 있는 신대철의 『무인도를 위하여』를 차례로 읽어가면, 그가 그를 둘러싼 환경과 어떻게 싸우고 성장해왔는가를 비교적 명확하게 파악할 수 있게 된다. 그가 제일 먼저 부딪친 환경은, 이 시집의 처음에서부터 끝까지 그를 따라다니고 있는 산이다. 그 산은 그러나 관광객이 들끓는 이름난 산이나, 상상

속의 산이 아니라, 산골에서 유년 시절을 보낸 사람이라면 누구나 곧 만날 수 있는 친숙한 산이다. 그 산속에서 자연과 평화롭게 교감한, 자연 속의 나로서, 혹은 내 속의 자연으로서 갈등 없이 교감한 시인의 유년 시절이 점차적으로 도시로서 표상될 수 있는 반자연적인 인위적인 환경에 의하여 침해되기 시작하여, 마침내는 그것의 대립·극복이 시인의 기본적인 문제가 되는 것이 『무인도를 위하여』의 신대철의 세계라 할 수 있다.

자연과의 화해로운 삶은 그의 시에서는 유년 시절과 꿈으로 표상되는데, 그것의 배경은 거의 대부분이 산이나 그것의 변주이다. 그때의 산은 거의 인적이 없는 산이며, 자연을 자연 그대로 볼 수 있게 해주는 산이다. "박꽃이 핀다//물소리가 물소리로 들린다"(「박꽃」)와 같이 자연을 자연 그대로 느끼는 화해로운 감정은 그의 초기시의 한 특색을 이룬다. 방금 인용한 "물소리가 물소리로 들린다"는 시행에서 곧 감지할 수 있는 것이지만, 그의 자연 인식은 가령 박목월의 자연 인식과 다르게 인간이 사상된 자연의 인식이 아니라, 인간에 의해 자연이 자연으로 그대로 인식되는, 인간적 체험이 중요시되는 자연 인식이다. 자연과 인간이 만든 건물이 화해롭게 조화를 이루며 공존하고 있는 박목월의 「불국사」와 신대철의 「박꽃」을 가령 비교해보면, 박목월의 시에는 자연을 자연 그대로 인식하는 행위가 정말 자연스럽게 이루어져 있음에 반하여, 신대철의 시에는 자연을 자연대로 인식한다는 일이 그리 쉬운 일이 아니라는 것이 '이제는'이라는 부사가 생략된 것처럼 보이는 "물소리가 물소리로 들린다"라는 마지막 행 속에 은밀하게 숨어 있다. 그에게 있어서의 자연 인식은 그러므로 자연과 그것을 느끼는 인간의 정감·정조의 일치가 이루어져야만 평화로울 수 있는 그런 자연 인식이며, 바로 그 점에서 그는 박목월과 상당한 거리를 유지하고 있다. 그의 시에 빈번하게 나타나는, 자연과 시인의 감정의 동일시는 바로 거기에서 연유한다.

1) 아아, 달빛에 반사되어 달이 되는 호기심
   호기심이 소년들을 홀려 상봉에서 상상봉으로 밤새도록 끌고 다닙니다.   ——「칠갑산 1」

2) 실성한 사람과 문득 마주쳐 그의 산이 되고 싶다, 그가 잠들어 영원히 고요해진 산.   ——「사람이 그리운 날 2」

그의 시편에서 아무렇게나 골라본 위의 두 시구들은 그가 자연과 그것을 대하는 인간의 감정을 어떻게 동일시하고 있는가를 명백하게 보여준다. 1)의 예에서, 시인은 아이들이 호기심에 사로잡혀 밤에 산을 돌아다니는 행위를, "달빛에 반사되어 달이 되는 호기심"이라고 표현함으로써 호기심과 달과 달빛을 동일시하는 그의 역동적 상상력을 보여준다. 2)의 예에서 시인은 실성한 사람의 시체를 받아주는 산이 되고 싶다는 느낌을 "실성한 사람과 문득 마주쳐 그의 산이 되고 싶다"고 표현하여, 실성한 사람에 대한 연민과 산에 대한 애정을 동시에 교감한다. 그의 자연에 대한 애정은 자연과 그것을 인지하는 그의 감정을 동일시하게 할 뿐 아니라, 그의 시 조사법에 중요한 영향을 미쳐, 인간 밖에 있는 것들에 인간적인 품위를 부여해주고, 인간적인 활력을 갖게 만든다.

  답답하게 붙어 있던 집들의 사이사이를 넓히며 도주하는 길목들,   ——「또 묘비를 세우며 1」

같은 표현은 그 대표적인 것이다.
 그가 산으로 표상되는 자연과 친화감을 느끼게 된 것은, 그것이 그를 억압하지 않고, 그를 자유스럽게 놀게 하였기 때문이다. 그의 시에 비교적 빈번하게 나오는 유년 시절의 놀이에 대한 회상은 그가 아이들의 억압받지 아니한 놀이에서 자연을 익히게 되었음을 보여준다.

1) 죽은 사람은 죽은 사람, 소년들은 잎 피는 소리에 취해 산 아래로 천 개의 시냇물을 띄웁니다.
      ——「흰나비를 잡으러 간……」

2) 우리들을 제 꿈에 취하게 한 山神堂 둘레엔 산 밖 지친 사람들,   ——「산 밖 사람들」

3) 얼마 전 난파선에서 실종된 친구가 돌아와 마른 잎을 긁고 있다.   ——「打」

4) 키 큰 나무에 올라서서 두리번두리번 산소년이 물소리에 귀 트이고 있다.   ——「그는 뒤에서」

5) 안개 더미는 잠시 얇게 풀어지면서 산소년의 뛰는 모습을 이루더니 소년을 홀로 산꼭대기에 남겨두고 사라진다.
―「자연」

6) 산꼭대기에 걸려 출렁거리는 무지개 위에 맨발로 서서 건넛산을 향해 외치는 소년의 들뜬 목소릴 듣고
―「자연」

7) 소년들이 모이는 밤은 보름달이 물가 청머루 덩굴숲 속에서 기다립니다.   ―「七甲山 1」

8) 깨금 익기를 기다리다 아그배 익기를 기다리다 소란한 주위에는 찬물을 뿌리고 나무 그늘에 싸여 평화로이 잠이 드는 소년들,   ―「七甲山 2」

산골에서 자란 사람이라면 누구나 대개 겪었을 체험들이 그에게는 아주 강한 인상을 남긴 모양이어서, 그것은 의식적인 회상에서나(1, 3, 4, 7, 8), 환영 속에서나 (3, 5, 6), 그에게서 떠나지를 않는다(하기야 이제는 산골 체험 자체가 얼마나 희귀해졌는가!). 장례식에서도 즐겁게 뛰어놀며(1), 보름밤이면 모여 놀며(7), 산에 가서 나무를 긁거나(3), 큰 나무에 올라가 물소리를 듣거나(4), 건넛산을 향해 소리를 지르거나(6), 아니면 잠을 자는(7) 아이들은 '평화롭다.' 그 유년 시절의 여러 추억들 중에서 시인이 제일 집착하고 있는 것은 평화로운

잠이다. 평화로운 잠은 성인이 된 시인의 꿈이기도 하다. 평화로웠던 유년기의 잠속의 꿈에는 그러나 점차로 "조금씩 어둠이 든"(「×」)다. 그 어둠은 유년 시절 속에서만 머무를 수 없는 자의 갈등이라는 어둠이다. 산속에서 즐겁게 뛰놀던 자는 어쩔 수 없이 하산하여, 한 남자가 되어, 제 집을 가져야 한다(「처형 1」). 제 집을 가져야 된다고 느끼면서도, 시인은 산속에서의 억압 없는 놀이를 잊지 못한다. (산속의 삶에 대한 시인의 집착은 또한 그의 시에 숱한 꽃·나무·동물·곤충 등을 등장케 한다. 재미삼아 내가 조사해본 바로는 40여 종이 넘는다── 미루나무·오랑캐꽃·노루발풀·깨금·아그배·풀씨·풀꽃·쇠스랑꽃·분꽃씨·채송화씨·사시나무·도깨비바늘풀·밤나무꽃·은행잎·달맞이꽃·개암·도토리·백일홍꽃·자운영·개나리·망초꽃·담비·굴뚝새·잡새·여우·딱정벌레·나비·개미·귀뚜라미·깜부기·방아깨비·물총새·풀벌레·독사·산비둘기·풀뱀·박쥐·매미·멍새 등……)

산속에서의 삶과 하산해서의 삶, 다시 말해 억압 없는 놀이와 억압적인 노동 사이의 대립은 흔히 어머니의 따스한 품과 살기뿐인 생활과의 그것에 비유되는데, 신대철의 시에도 그러한 유추를 가능케 할 시편이 한 편 있어서 주목을 요한다.

1

홀로 가는 해
사람을 산속에 남겨둔 채

홀로 가는 물, 달, 안개

어머니, 제 집은?
저는 혼자서도 모여 있지 못합니다. 제가 어머니 집이라면 어머니, 아주 집을 뜨신 어머니, 저는 산속에 갇혀 **殺氣 감추는 법**이나 익히며 될수록 될수록 사람을 피하고 산짐승들이나 길들일까요? 아니, 덫이 될까요? **저를, 어머닐 잡는 덫.**

새를 잡았습니다, 날려주고
새를 잡았습니다, 날려주고

2

물소리는 뚝 끊어졌다 내 실핏줄과 이어지고, 찬바람, 불빛에 묻어나온 낮은 목소리들에 이끌려 다시 산을 넘었다. 친구여, 내 괴롭지 않을 때 찾아와야 하느냐? 뻑뻑해지는 눈, 엊그제는 하루 끝 침묵 끝까지 흘렀다. 바닷가를 끼고 흘러도 이젠 산에 둘러싸인다. **나를 몇 번 넘겨야 스스로 산속에 들 수 있을까**? 네가 잠든 집은 집 전체가 대문, 집 전체가 불빛, 모든 사람들의 잠속으로 흘러들고 싶다.

완성해다오, 한 남자를
식물이 생길 때의 첫소리를 닮은 얼굴이게
눈이 내린다,
눈이 내린다,
날 가두고 오래 내 괴로움을 받지 않는 산이여.

———「처형 1」

비교적 긴 이 시에는 시인의 욕망이 교묘하게 은닉되어 있어 자세한 분석을 요한다. 1의 첫련에서 시인은 산속에 혼자 남게 된 사람의 쓸쓸함을 친구와 헤어진 사람의 혼자 됨에 비유하고 있다. 해·물·달·안개(하룻동안 산에서 볼 수 있는 것의 개략적 총화이다)는 산속에 그곳을 찾아온 사람을 남겨두고 혼자 간다. 둘째 연에서 그 자연은 "아주 집을 뜨신 어머니"와 중첩되어, 어머니와 은연중에 동일시된다. 어머니 역시 모임과 만남의 집을 떠나신 사람이기 때문이다(간다, 떠난다가 동일시되고 있다). 자연이 어머니와 동일시되는 과정은 그러나 시인의 의식 속에서 쉽게 이루어지지 않는다. 그것은 의식의 착오·착란에 힘입고 있다. "혼자서도 모여 있지 못"한다, "제가 어머니 집이라면 어머니" 같은 시행은 그 착란의 한 표징이다. 혼자서 모인다는 것은 실제 생활에서는 불가능한 경험이다. 모인다는 여럿을 전제로 한 개념이기 때문이다. "제가 어머니 집이라면 어머니"에서 뒤의 어머니는 호격이지만, 앞의 어머니는 호격일 수도 있고, 집과 동격일 수도 있다. 호격일 경우 그것은 뒤의 어머니를 강조하기 위한 되풀이의 효과를 보여주는 것이며, 동격일 경우 그것은 나와 어머니의 관계를 암시하는 것일 수 있다. 이 의식의 착란 이후에 어머니는 자연──산과 동일시되고, 시인은 일상 생활에서나, 내면 생활에서의 살기를 감추고 산속에서 산짐승이나 길들이고 싶다고 토로한다. 고전적 정신분석적 용어로 표현하자면 외디푸스 콤플렉스의 전형적인 예이다. 마침내 나는 어머니 자체와 동일시된다. "저를, 어머닐 잡는 덫." 덫은 그때 자신과 어머니를 시험하는 장치가 될 것이다. 그래서 셋째 연에서 시인은 잡은 새를 그냥 날려보내는 나를 보여준다. 어머니와의 합일은 쉬운 일이 아니다. 2의 첫련에서 나는 그 합일이 이루어지기 위해서는 "나를 몇 번 넘겨야 스스로 산속에 들 수 있"나를 묻는다. 스스로 산속에 든다는 것은 어머니──자연 속에 스스로 드는 것 외에 다른 아무것도 아니다. 그것은 어머니의 품속에서 떨어져나온 후의 고통을 잊게 해주는 힘이 될 수 있다. 그 합일이 제일 쉽게 이루어지는 것은 잠──꿈속에서이다. 그래서 시인은 "모든 사람들의 잠속으로 흘러들고 싶다"고까지 말한다. 집단 무의식에의 침잠 욕구이다. 둘째 연에서 시인은 "식물이 생길 때의 첫소리를 닮은" 완성된 남자를 희구한다. 동물이 식물로 대치되긴 하였으나, 시인이 노리는 것은 어머니의 뱃속의 편안함으로의 회귀이다. 그러나 산──자연은 그의 괴로움을 끝내 받아주지 않는다. 그는 산 아래에서 살게 '처형'되어 있는 것이다.

자연과의 화해, 혹은 어머니와의 화해(그의 전시편을 통해 어머니가 나오는 것은 위의 「처형 1」한 편뿐이다)가 힘들다는 자각은, 다시 말해 시인의 꿈에 어둠이 스며들기 시작하는 것은, 그의 시편들에 의해 추측하자면, 군대 체험에서 비롯된 것이다. 시인의 군대 체험은 그의 평화로운 의식을 일깨워 꿈속의 어둠을 보게 만든다. 시인은 군대 생활에 대해서 두 편의 시를 쓰고 있다. 「×」와 「우리들의 땅」이 그것이다. 군대에서 그가 만난 것은 자연을 평화롭게 인지하고, 어머니의 품속에서 따스하게 살 수 있게 하지 못하는 괴로운 현실이다.

　　북한강은 고압선 전류로 군사분계선 線上을 흐릅니다. 물에 뜬 푸초나뭇잎 위에서 뼈라 위로 잠깐 옮겨앉았던 풀잠자리가 물뱀이 건너간 끊어진 물길로 건너옵니다. 물 속에는 안전핀이 빠진 채 잠겨 있는 수류탄, 무너진 방어진지 무개호 속에서 해골들은 아직도 최후 저지 사격을 하고 있습니다.
　　　　　　　　　　　　　　　　　　　　——「×」

이미 군대에서는 물소리가 물소리로 들리지 않는다. 물에는 풀잠자리와 수류탄·해골이 공존하고 있는 것이다. 그 공존은 자연을 자연대로 보지 못하게 할 뿐 아니라, 시인의 의식을 역사·현실 속으로 불러들여, 괴로운 사고를 강요한다. 그의 아름다운 시편 중의 하나인 「우리들의 땅」에는 다음과 같은 직설적인 시행이 보인다.

　　나무들이 점차 가을로 돌아서는 것도 잊고 딸딸이를 들고 포대경을 들고 마주보며 바보같이 웃는 우리들. 生이란 무엇일까? 적? 죽음이란? 적? 땅이란? 이념이란?

봄, 여름, 가을, 겨울이 왔다 가는 것이 아니라, 봄…… 은 그냥 있는데, 나무들이 철따라 그쪽으로 몸을 돌린다는 상상력 자체가 힘있게 독자의 넋을 울릴 뿐만 아니라, 위의 시행에서는 그런 것까지를 잊게 만들어, 생(生)·적·죽음·땅·이념을 생각하게 하는 현실의 괴로움 또한 독자의 마음을 두드린다. 군대 체험은 시인의 꿈 자체를 분열시킨다. 꿈의 구조를 갖고 있던, 외계의 사물과 내적 감정의 동일화도 서서히 파괴된다.

유년 시절의 잠은 평화로운 호기심 많은 잠이지만, 군대 체험 이후의 잠은 꿈을 꾸는 자와 일상 생활 속에 갇힌 자와의 갈등이 내포된 잠이다. 그 잠속의 꿈 역시 마찬가지이다.

1) 풀잎 꿈속에 꼬부려 누워 소년은 잠이 들고 이글이글이글 풀잎 꿈속에서 소년의 꿈속으로 불덩이가 넘어간다.
——「자연」

2) 총을 휴대한 사람들에겐 꿈이 차례가 오지 않는 잠,
며칠째 개꿈도 들지 않는다. 신경만 뿌릴 잡는다. 물차는 아직 오지 않고 있다. 담배 한 대, 자기 매질, 무조건 용서, 무조건 체념, 꿈이 갖고 싶다.   ——「우리들의 땅」

3) 길은 하나도 없었다. 집 앞 빈 말뚝에 매여 있거나, 낮에 가야 할 길을 다 못 간 사람들이 길을 끌고 꿈속으로 들어가 계속 걷고 있는지?   ——「까욱, 까아욱」

1)의 꿈은 소년기의 평화로운 꿈이다. 낮잠을 자는 동안에 해가 넘어간다라는 뜻이라고도 읽을 수 있지만, 여하튼 1)의 시행은 자연과 인간의 화해로운 합일을 꿈을 통해 보여준다. 2)에서는, 군대 체험 때문에 꿈이 상실된다. 시인은 "꿈이 갖고 싶다"고 거의 절규한다. 그러

나 "신경만 뿌릴 잡는다." 3)에서, 꿈은 계속해서 화해의 한 표징으로 나타나고 있다. 그 화해를 이룩한 사람이 있는지에 대해서는 시인은 회의적이다. 군대 체험 이후의 현실 인식이 얼마나 비관적인가 하는 것은 "절벽예요!"라는 직접적인 절규 외에도, "낡은 상자 속에서 소년은 팔다리가 떨어진 채 핀이 꽂혀 있습니다"(「채집 일기」)와 같은 유년 시절을 회상하는 이미지에 선명하게 드러나 있다. 유년 시절의 꿈에 스며든 현실의 어둠은 신대철의 경우, 대체로 두 가지 유형으로 나눌 수가 있다. 첫째는 거짓 욕망, 거짓 선택, 거짓 만족과 결부되어 있는 산업 시대의 인위적인 삶이며, 둘째는 농사꾼의 자연 언어가 아닌 도시인의 개념적인 어휘로 생을 영위해가야 하는 개념적인 삶인데, 도회성이 그 둘을 종합하고 있다.

1) 풀꽃들 이름을 하나씩 잊어가고 있다는 사실, 초가 지붕 밑에서 전봇대로 참새가 집을 옮겼다는 사실, 사실을 사실대로 말할 수 있는 교외에서는 사실을 사실대로 말할 필요가 없었습니다. 사실을 사실대로 말할 수 있는 기쁨과 사실을 사실대로 말할 필요가 없는 기쁨, 이 두 선로 위를 달렸습니다.　　　　　　　　　　　　——「교외에서」

2) 우리와 열이 맞는 건 갑갑함뿐, 탈없이 죽지 않는 自然人이 보고 싶습니다. 간판만 있고 집이 통 없는 거리엔 은행잎이 지고 있습니다.　　　——「또 묘비를 세우며 2」

3) 이 상점엔 사람이 만든 것 일색이군요.
그럼, 저건 어떠신지? 폭발적 인기죠.
아주 예쁘게 웃는데요? 인형이군요.
아주 행복해 보이죠?
조그맣고, 사람 맘에 들게 웃고, 눈물도 없고……
——「아주 행복해 보이죠?」

  자연을 떠나 도시에서 시인을 발견한 것은 아크릴 간판(「교외에서」), 아스팔트 길, 연탄재(「또 묘비를 세우며 2」)뿐만이 아니라, 그 도시를 이루는 인위성과 개념성이다. "사람 맘에 들게 웃고, 눈물도 없는" 인형도 과연 행복한가?(3) 집은 없고 간판만 있는 곳에서도 탈없이 죽을 수 있을까?(2) 사실을 사실대로 도회에서는 과연 말할 수 있을까?(1) 시인이 던지고 있는 질문을 반대로 생각해보면 그가 도회에서 느끼는 감정을 쉽게 정리할 수 있을 것이다. 거기에는 가짜 웃음, 가짜 행복을 파는 상점들만이 있으며(도회인의 소외라는 명제로 이것은 프랑크푸르트 학파에 의해 널리 알려진 것들이다), 사실을 사실대로 인식하는 것이 아니라, 이름을 붙여야 안심하는 사람들만이 있다(이 대목은 농사꾼의 언어와 도시인의 언어를 나눈 브리스 파랭을 생각케 한다).

  사물에 이름을 붙이고 즐거워하는 사람들
  이름을 붙여야 마음이 놓이는 사람들
  이름으로 말하고 이름으로 듣는 사람들
  이름을 두세 개씩 갖고 이름에 매여 사는 사람들

깊은 산에 가고 싶다.   ——「추운 산」

　도회의 인위성과 개념성에 갇힌 괴로운 시인은 결국 "깊은 산에 가고 싶다"고 말한다. 그의 소원은 당연한 것이며, 그의 소원이 당연한 그만큼, 그의 삶은 그만큼 괴롭다.
　그러나 깊은 산속으로 들어가서 살 수는 없다. 살기 위해서는 내려와야 한다. 여기에 신대철의 체험적 모순이 숨어 있다. 이 시집에 실린 마지막 몇 편은 내려와서 살 수밖에 없는 고통을 노래하면서도, 내려와서도 깊은 곳에 들어갈 수 있다는 힘든 결론을 내리고 있다.

　　낮은 산도 깊어진다.   ——「잎, 잎」

　그의 시에서 낮은 곳은 높고 깊은 곳에 대립하는 것으로서 하산을 항상 상기케 하는데, 이 시집의 후반부에 이르러 낮은 것은 깊은 것과 대립되는 것이 아니라, 동일한 것으로 생각된다. "낮은 산도 깊어"지는 것이다. 낮은 데서도 깊어질 수 있다는 표징을 그는 그에게 많은 영향을 미친 것으로 생각되는 선배 시인 황동규에게서 발견한다.

　　사람 옆이라면 황홀히 아무데나 멎어 있는 그대, 소주에 취해 사람에 취해 자리 오래 비워둔 오늘밤 불 환히 켜고 내린 그대의 낮은 데는?   ——「황동규,……」

내려와 낮은 곳에 사는 것에도 깊이가 있을 수 있다는 것을 그는 황동규에게서 감지한다. 황동규의 「10월」의

바람은 조금도 불지를 않고 燈불들은 다만 그 숱한 鄕愁와 같은 것에 싸여가고 주위는 자꾸 어두워갔다.
이제 나도 한 잎의 낙엽으로 좀더 낮은 곳으로 내리고 싶다.

라는 구절에 대해 시인은 다음과 같은 해설을 남기고 있을 정도이다. "내리고 싶다는 이 '서술어'를 통하여 시는 수평적인 흐름에서 수직화한다. 이 시간은 자연의 한구석이나 세계의 한구석으로 밀려 들어와 고독하게 밝히는 불꽃의 시간이 아니라, 낙엽이 지고 이웃에 따뜻이 사람이 살아 있는 곳에서 자기와 이웃, 혹은 자기와 자연 사이에 질서를 가지려는 자기 형성의 시간이다. 〔……〕'좀더 낮은 곳으로 내리고 싶다'라는 말은 이중의 의미를 띤다. 그 하나는 새로 생성된 자아와의 대화 가운데 끊임없는 질문만 남은 의미고, 또 하나는 이미 행위로 옮겨진 상태에서 다른 곳이 아닌 낮은 곳으로, 그것도 좀더 낮은 곳으로 내리고 싶다는 의미를 갖는다"(「시에 있어서의 시간 문제」). 신대철이 행한 황동규의 '내리고 싶다'의 분석은 신대철의 '낮은 산도 깊어진다'의 분석에 그대로 적용될 수 있다. 낮은 산은 도회의 개념성과 인위성에 가장 침윤되기 쉽지만, '자기와 이웃, 혹은 자기와 자연 사이에 질서를 가지려는' 노력을 그만

큼 크게 하여, 삶에 대한 질문을 그만큼 깊게 한다. 그래서 시인은 '낮은 산도' 깊은 산처럼 깊어진다고 말한 것이다. 낮은 산이 깊어지기 위해서는, 낮은 곳에 거주하는 시인은 시대의 한기를 느끼고 그것을 이겨내기 위해 꿈틀거려야 한다. 그것이 신대철의 마지막 결론이다.

    살아 움직이는 건 한기뿐이로군, 그는 앞서가는 자기 자신을 불러세우며 말했다.
    〔………〕
    꿈틀거려야지, 꿈틀거리지 않으면 시간은 모두 까마귀가 된다.　　　　　　　　　　　　　——「까욱, 까아욱」